心有栖栖　愿有遐霞

槑好栖霞

文化旅游绘本

阿槑　著绘

南京出版传媒集团

南京出版社

图书在版编目（CIP）数据

槑好栖霞 / 阿槑著绘. -- 南京 ： 南京出版社，
2017.12
　ISBN 978-7-5533-2048-9

　Ⅰ．①槑… Ⅱ．①阿… Ⅲ．①地方文化－介绍－南京
Ⅳ．①G127.531

中国版本图书馆CIP数据核字(2017)第296656号

书　　　名：槑好栖霞
作　　　者：阿　槑
出版发行：南京出版传媒集团
　　　　　南 京 出 版 社
社址：南京市太平门街53号　　　　　邮编：210016
网址：http://www.njcbs.cn　　　　电子信箱：njcbs1988@163.com
天猫1店：https://njcbcmjtts.tmall.com/　天猫2店：https://nanjingchubanshets.tmall.com/
联系电话：025-83283893、83283864（营销）　025-83112257（编务）

出 版 人：朱同芳
出 品 人：卢海鸣
责任编辑：王松景
装帧设计：阿　槑
责任印制：杨福彬

印　　刷：南京艺中印务有限公司
开　　本：889毫米×1194毫米　1/32
印　　张：4.25
字　　数：72千字
版　　次：2017年12月第1版
印　　次：2017年12月第1次印刷
书　　号：ISBN 978-7-5533-2048-9
定　　价：49.00 元

天猫1店　　天猫2店

翻开这一页 我们启程
从这片温柔的土地上出发

魅力栖霞 美在文化

—— 写在旅游绘本《眾好栖霞》之前

余秋雨说："中国的历史文化名城很多。但是如果撇去皇城气象而仍然能保持高品位的，就少而又少了。"余认为栖霞虽仅为一个南京的行政区，却充满了古老的人文韵味和现代的青春活力，既有乡村野趣，也有时尚摩登。

栖霞文化是浓郁的，有始皇临江的壮阔，有乾隆御笔的亲题，有南朝石刻的厚重；栖霞文化亦是从容的，有淳朴的乡野气息，有原汁原味的农家体验，炊烟袅袅醉山村，水波荡漾沁人心；栖霞文化也是充满活力的，有集聚的高校资源，有洋溢的青春笑脸。

在"文化＋旅游"热度空前的当下，我常思考怎样以轻松活泼、通俗易懂的形式，推介栖霞文化旅游资源，展示栖霞文化旅游风采，进而塑造栖霞文化旅游形象？如何为栖霞人及栖霞游客献上一份小清新般的旅行指南？引导游客感味栖霞艺术、体会栖霞文化？

这册《眾好栖霞》让人眼前一亮，从众多书籍中"跳跃"出来，"眾好"二字勾起了人们对栖霞的无限遐想，仿佛来自远方的召唤。全书通过诙谐生动的旁白以及写实幽默的漫画手法，将栖霞的自然山水与人文景观以全新的图文形态凸显出来，让游客有全新而别样的体验和感受。全书且游且说，文字诗意柔美，阿眾（Mei）个性化的旅行见闻与手绘插画形式相结合，实用性和趣味性并重，惟妙惟肖地介绍栖霞文化旅游。"第一金陵名秀山"栖霞山、名闻遐迩的千年古寺栖霞寺、金陵 48 景之多的幕府风光、见证千年沧桑的南朝石刻、江中丽岛八卦洲、美丽乡村桦墅、铺展万亩荷塘月色的水一方、发轫于斯传承于斯的龙潭金箔、金陵折扇非物质文化遗产、飘逸浓浓书香的仙林大学城、历代歌咏栖霞的诗珍等 5 大篇章、100 多处自然和人文景观内容，在生态风光、地质地理、人文历史、美丽传说、民俗艺术、现代农业、创意产品等方面都做了逐一展示、解读。即便你从没到过栖霞，你也可以带着书优哉游哉一路走来一路看。栖霞的一切正如这本书的名字一样"美好"。

栖霞，山水相依，历史渊远，人杰地灵，充满魅力。引得古往今来众人慕名而至，帝王将相、大家巨擘、文人骚客不胜枚举。他们在此或建功立名，或流连驻足，写下不朽之作，造就了众多人文景观和名胜古迹。栖霞有着看不尽的风景，说不完的故事。这本书在读者面前摆开了一桌文化旅游盛宴，各色佳肴美味琳琅满目，让人们欣喜万分。当然，由于时间仓促和水平局限，书中瑕疵和不妥之处也许在所难免。《寀好栖霞》旅游绘本如何"既叫好又叫座"，那就留待时间去检验吧！在此，我真诚希望更多有识之士参与到发掘、研究、弘扬栖霞文化旅游的队伍中来，合力推动栖霞文化旅游事业大发展、大繁荣，续写无愧于先贤、无愧于时代、无愧于后世的华彩篇章！

谨为序。

中共南京市栖霞区委宣传部副部长
南京市栖霞区文化旅游局局长
吕　俊

［目录］

栖息在美丽的霞光里

在希望的田野上

传承，流淌在血脉里

书卷、梦想和远方

时光的吟唱

栖霞

栖息在美丽的霞光中
寺院钟声唤醒了
摄山药香与丹枫漫天的山林
幕府山下燕矶夕照
南朝石刻上书写着帝王的梦

栖息在美丽的霞光里

栖霞山

古谚曰"一座栖霞山，半部金陵史"，这里承载的是南京甚至是中国的文化积淀。

作为"金陵四十八景"的常驻将军，以及乾隆御封的"金陵第一明秀山"，栖霞山的"栖霞胜境"可不仅仅单指风景，这里的人文历史更是值得挖掘和发现。

栖霞山有三宝，明征君碑、舍利塔和千佛崖，都是国家级文物保护单位。这一次，阿眯就带着你"栖居于山和云霞之中"。

栖霞三宝

明征君碑
1300年前

舍利塔
1000年前

千佛岩
1500年前

彩虹明镜湖

始皇临江处

红叶谷

天开岩

桃花湖

桃花扇亭

小营盘

青锋剑

栖霞山俯瞰图

欣欣草木
摄养身心

[摄 山]

"金药举,可以摄生",栖霞山原名为摄山,就是因为这里盛产疗疾养生的各种药材,全国也就只有这座山能被称为摄山。

栖霞山的草药有200多种,野参、当归、首乌、茯苓、夏枯草等,古时在这里都是常见的药材,其中茅苍术更是栖霞山的特产,质量居全国之首。

首乌

著名的医药丛书《淮南子》《神农本草经》等都对这里的药材做了详细的记载,李时珍创作《本草纲目》时,也曾多次来栖霞山采药研究。

掌叶半夏

野参

当归

茯苓

茅仓术

现在,栖霞山内建有百草园,作为山中植被、草药的研究基地。

对了,阿槑在栖霞山上偶然见一种草药,叫"掌叶半夏",可以止呕化痰、消肿止痛,这是一个神奇的植物,当它开花的时候,自己会比周围温度高出 20℃左右,你去栖霞山的时候,可以去找一找哦!

丹 枫 栖 霞

阿 眯觉得，秋天怎么也得去趟栖霞山，看看美得像红霞的枫叶林。南京人有"春牛首，秋栖霞"的说法，秋天如果不去栖霞山看枫叶，那可能过的就是个"假秋天"了。

话说大中华有四大赏枫胜地：始于六朝的南京栖霞丹枫、唐朝的长沙岳麓枫林、元代的北京香山红叶林和明代的苏州天平红树。南京栖霞山的红枫可以说是历史最悠久，也是最美的。

栖霞山光是树龄 200 年以上的古枫树就有 4000 多棵，再加上鸡爪槭、羽毛枫、红枫、三角枫、榉树、盐肤木、黄连木等红叶树，一共有十五万株之多！

栖霞的霜红苑更是集齐国内外优良红叶树种十多种：葡萄枫、枸骨、赤枫等，其中葡萄枫是江苏的孤本，很是珍贵。"丹枫栖霞"可不是浪得虚名的！

美国红栎

三角枫

黄连木

葡萄枫

鸡爪槭

红枫

榉树

羽毛枫叶

8

乾隆赐名的湖泊

［彩虹明镜湖］

进了栖霞山，第一眼看到的就是这乾隆皇帝赐名"彩虹明镜"的明镜湖。据说当年乾隆南巡，嫌栖霞山水少干燥，两江总督尹继善就修建了此湖。

喜欢到处题诗取名的乾隆皇帝当然不会放过这次机会，看着都能当镜子照的清澈湖水，如彩虹般蜿蜒曲折的九曲桥，一高兴，就赐湖名"明镜"，桥名"彩虹"，"彩虹明镜"就这么流传开了。

滴水观音

湖中有尊滴水观音，左手持净瓶，脚踏南海金鳌，这寓意"独占鳌头"，各位考生可以来这里许愿，保佑考试顺利。

湖中有很多被放生的乌龟和锦鲤，这些小动物在明镜湖里过得着实悠哉、欢实。

阿槑每次来栖霞山，总喜欢在这明镜湖中的彩虹亭坐上一坐，凭晚风吹皱春水，看丹枫染红秋山。

据说"彩虹明镜"旁还有一组石头群，轻轻敲打会有臭鸡蛋味道，经过的时候你不妨去敲一敲，闻一闻。

永明元年，又徵為國子博士，徽君志隱
居求志，义越于由光，不降凝止，迹
高于圆绮。凿坏贞遁，漱石志旧，鹤版
载临，称姿通远。俄有法师僧辩，承风
景慕，翼徒振锡，翻然庆止。法师业隆
三藏，道逵四依，戒行坚明，律统
严净。欣然一遇，叶契千龄，子琴为
莫逆之交，温雪包容声之友。

11

两亿岁的石头

[明征君碑]

作为"栖霞三宝"的其中一宝，这碑可是大有来头。

明征君碑纪念的是栖霞精舍的创始人明僧绍，立碑的是他的五世孙明崇俨。明崇俨是唐朝方士，据说擅长呼风唤雨，因为治好了唐高宗李治久治不愈的头疼病，于是成为李治和武则天的宠臣。

明征君碑碑额，
上书四字"明征君碑"

赑屃（bì xì）

明征君碑正面

得宠的明崇俨金银财宝都不要，只求皇帝赐了这块石碑，记载自己祖先的丰功伟绩。

碑正面是2376字行书，而且历经1300多年风雨，只残损10多字，是唐代碑刻的珍贵文物。

碑背面则是李治皇帝亲书的“栖霞”二字，[illegible]一开始看没觉得有啥，仔细看才发现，这个“霞”字出了一点问题，你能看出来么？

明征君碑背面

六龙拱门碑额

龙头海百合一节

碑上的字珍贵，这碑本身也是稀罕之物。近距离看碑你会发现，上面有很多白色的斑斑点点，很多不明白的人以为是风化所致，其实那痕迹是化石，来自 2.8 亿年前浅海中的动物，海百合茎化石和珊瑚化石。

据说这块石材是直接从栖霞山开采的，这也说明，几亿年前，栖霞这里是一片汪洋大海。

说这碑厉害的地方还有一处，就是它彰显的地位，除了皇帝题字外，碑额雕刻着"六龙拱门"的造型，碑底又有"赑屃驼碑"，这可是最靠近帝王的级别，可见明崇俨是有多得宠。

龙头海百合

14

栖霞古寺

南京栖霞寺,早在唐代,即为我国四大丛林之一,始建于南齐(489年),距今有1600多年的历史了。作为佛教"三论宗"的发源地,这里一直佛教文化浓郁,香火旺盛。

"栖霞古寺"这名字是经过八次变更才确定,南朝时期这里叫"栖霞精舍",唐朝叫"功德寺""隐君寺",后来最终被明太祖朱元璋定为栖霞寺,沿用至今。

栖霞寺的山门属于"三门并立"，中间大门，两旁各有一座小门，象征"三解脱门"，也就是佛教里的空门、无相门和无作门，分别代表着智慧、慈悲和方便三种解脱。阿粿粿次都走左手边的门，果然是集聪明与智慧于一身。

进入栖霞寺的第一座大殿供奉的是弥勒佛，大殿两侧供奉了四大金刚司风、司调、司雨、司顺，寓意保佑人间风调雨顺。

在 到达主殿之前，阿槑印象最深的，就是台阶下两棵参天的古银杏树。

　　每到秋日，银杏金叶如瀑般垂坠而下，如果你能再邂逅一场秋雨，杏叶盖满地面，那场景，绝对不虚此行。

栖霞古寺地图

身份技能表

姓名：韦陀天

↓

译名：私建陀提婆

↓

生日：农历六月初三

↓

宗教：佛教

↓

身份：护法天神

↓

法器：金刚降魔杵

↓

技能：降妖除魔

↓

若善良之人，因业力的
原因，出现了贫穷疾病、
诸多不顺，可拜韦驮菩
萨，得到菩萨的加持。

不看僧面看佛面

在 弥勒佛的背后，供奉的是韦驮菩萨。我们常说的"不看僧面看佛面"，说的就是这位神明。

韦驮菩萨在佛教中的工作是驱邪魔护佛法，所以又称护法菩萨。韦驮菩萨守在"三门"的位置，就是为了护院执法，手中的"金刚伏魔杵"就是他的法器。

不过他貌似执法过严，于是佛祖就把他放到了正对大殿的位置，让他执法的时候看在佛祖的面上，手下留情。

还有一个小细节也很有意思，韦陀菩萨拿金刚杵的方向跟寺院的大小也有关系：

降魔杵扛肩代表十方丛林，可食宿三日。

降魔杵平端代表寺庙规模中等，可食宿一日。

降魔杵杵地代表小寺庙，不食宿。

毗卢宝殿

阿 槑发现，栖霞寺的大殿并非寻常的大雄宝殿，而是毗卢宝殿！国内的大多数寺院供奉的是释迦牟尼佛，而栖霞寺供奉的则是毗卢遮那佛。

佛教中有"千佛绕毗卢"的说法，所以在毗卢宝殿后侧，就是著名的千佛崖景观。

但由于自然和人为的破坏，佛像的数量已经不足千座，所以在毗卢佛的身后，又立了1008座小金佛，以呼应"千佛绕毗卢"。

毗卢佛的背面，供奉的是南海观世音菩萨，脚踩鳌头，其左右为善财和龙女像，足下海涛澎湃。身后雕刻的则是佛教中"五十三参"的故事。

来自慈宁宫的宝贝

卢宝殿内有两个神秘的宝贝：就是在宝殿出口处左右两侧的佛龛。这两个佛龛都来自于故宫的慈宁宫，是慈禧太后的心爱之物。逆天的材质——金丝楠木，爆表的颜值——精湛的木雕技艺，作为设计师的阿槑完全能和慈禧老佛爷感同身受！

佛龛都如此讲究，里面供奉的佛像也是充满传奇。宫殿左侧的佛龛供奉的是观音菩萨像，据说这尊菩萨是按照武则天的样貌雕刻的，你可以仔细瞧瞧，看看是不是有相似的地方。

按武则天面相雕刻的观音菩萨像

右侧的佛龛供奉的是阿弥陀佛（无量寿佛），他的传奇在于佛头的经历。

据说，阿弥陀佛佛像原是梁代临川靖惠王萧宏所造的石像遗物，一直在寺内保存，1921 年，佛头被日本人益田玉成带走，并供奉在自己家里。

后来，日本发生关东大地震，益田左邻右舍的房屋均遭毁坏，只有他家安然无事。夜晚时，佛头托梦给他说，"我保佑你全家平安，你却害我身首分离，你应该把我还回去"。

于是，益田就在 1923 年将佛头恭敬地还给了栖霞寺。据说，为纪念中日友好，礼佛者刻了中日文双碑用以记载事实经历，遗憾的是碑文被水泥尘封，现在的技术暂时难以复原，封住的碑文也成为栖霞寺谜团之一。

这貌似是我的东西？

佛龛

24

藏经楼

zàng

藏
经
楼

提 到藏经楼，阿眔就会想到，武侠小说里藏着武功秘籍的地方，充满神秘色彩的地方，但其实，这里更多的是收藏了各种佛教典籍。

现在，阿眔要提一个问题，"藏经楼"怎么读？如果你读藏（cáng）经楼，那么，恭喜你，答错了！

正确读音应该是藏（zàng）经楼，因为在楼里放置的是各种佛教藏经。每座藏经楼一般都有自己的镇楼之宝，栖霞寺也不例外。

藏经楼匾额

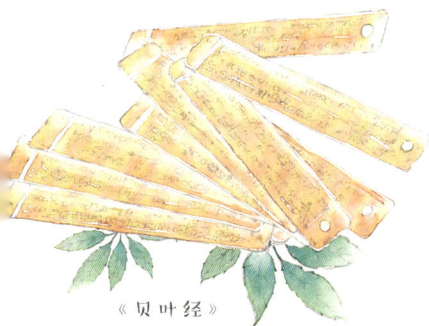

《贝叶经》

用梵文烙印在娑罗树叶上的《贝叶经》是最为珍贵的，相传这是唐玄奘西天取经时带回的圣物。

还有一样镇楼之宝，是清末一位女信徒，以食指之血，书写而成的"血经"，阿槑想想都觉得肉疼，但这也可见信仰的力量！

《血经》

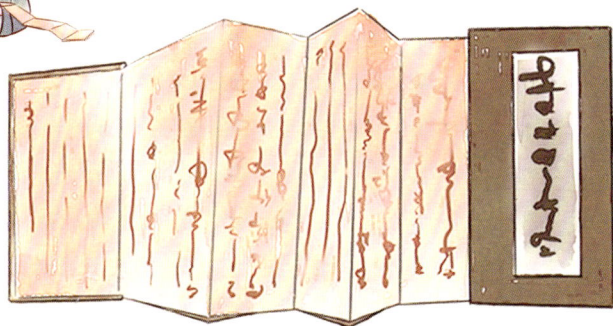

千年舍利塔

舍利塔，作为"栖霞三宝"的头块招牌，这是阿渠要介绍的重中之重！

从南唐（937－975）到现在，石制的舍利塔已经有一千多年的历史，也是中国最大的石质舍利塔。

起初，这是座木塔，是当年隋文帝杨坚命人建的。据说，当年杨坚称帝之前，偶遇一神尼，可能是因为暖男气质出众，气度不凡，神尼便赠予他 30 颗神异舍利。后来杨坚认为能够当上帝王是因为舍利的保佑，便在全国建了三十座舍利塔，将 30 颗舍利分别予以供奉和保护。

舍利塔上的八相图

（1）白象入胎、佛母受孕

（2）太子降生、祥瑞再现

（3）出城游历、体验疾苦

（4）违抗父命、逾城出走

当年，栖霞寺是全国寺院之首，杨坚便把最为珍贵的五彩舍利供奉在这里。200多年后，木塔毁于唐武宗的灭佛之难，后来南唐的时候，著名的李后主李煜又命人以石塔修复，也就是现在看到的舍利塔了。

说来这舍利塔也是命大，朝代更迭战火连绵，这塔竟然还能成为保存最完好的南唐石刻，阿槑也是佩服。

据说，太平天国时期，太平军攻入栖霞寺后，用火整整烧了三天三夜，也没让它倒塌，仅仅只是加速了风化。

都说这座舍利塔，很能代表南唐最高的石雕艺术水平，建筑大师梁思成还亲自来到这里勘察，那阿槑就来扒一扒这舍利塔到底美在哪里。

（5）雪山苦行、终成正果

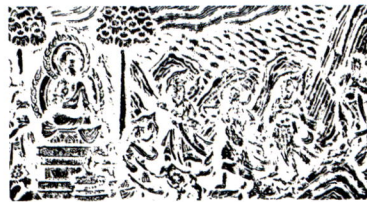

（6）释迦出城、四方传道

（7）树大招风、降服魔众

（8）巨星陨落、杏林涅槃

小提示

中文"塔"字也是隋唐时期才创造的，在这之前是没有这个字的哦！

"右绕三匝,积功累德"记得一定要顺时针绕舍利塔三圈,才能祈求平安哦!

· 六重的塔刹塔顶是民国时期仿照北魏时期样式补建的。

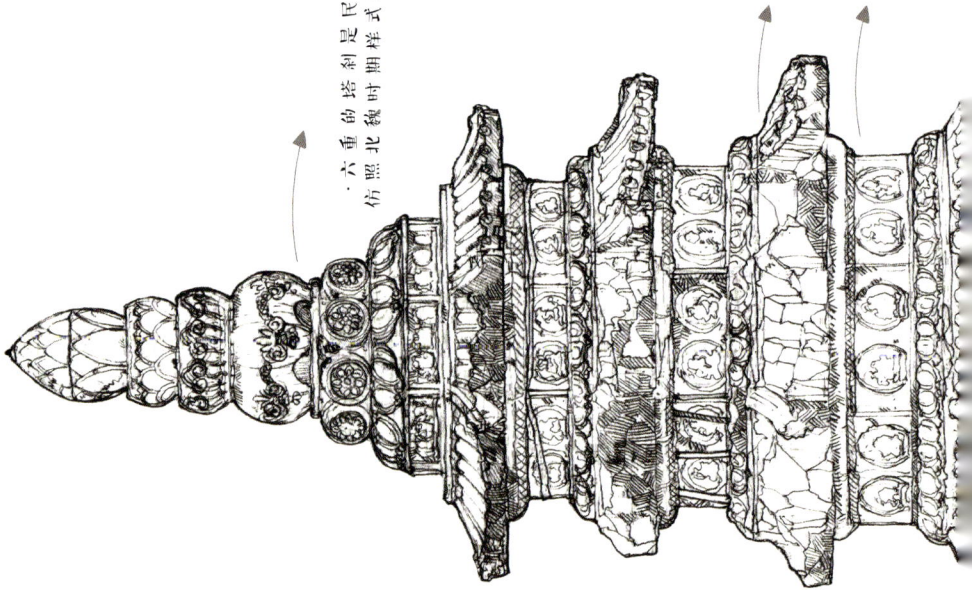

· 塔有七层八面,寓意"七级浮屠""八面玲珑"。

· 四层佛龛,全部以小佛像装饰,共计64尊佛像,寓意千佛世界。

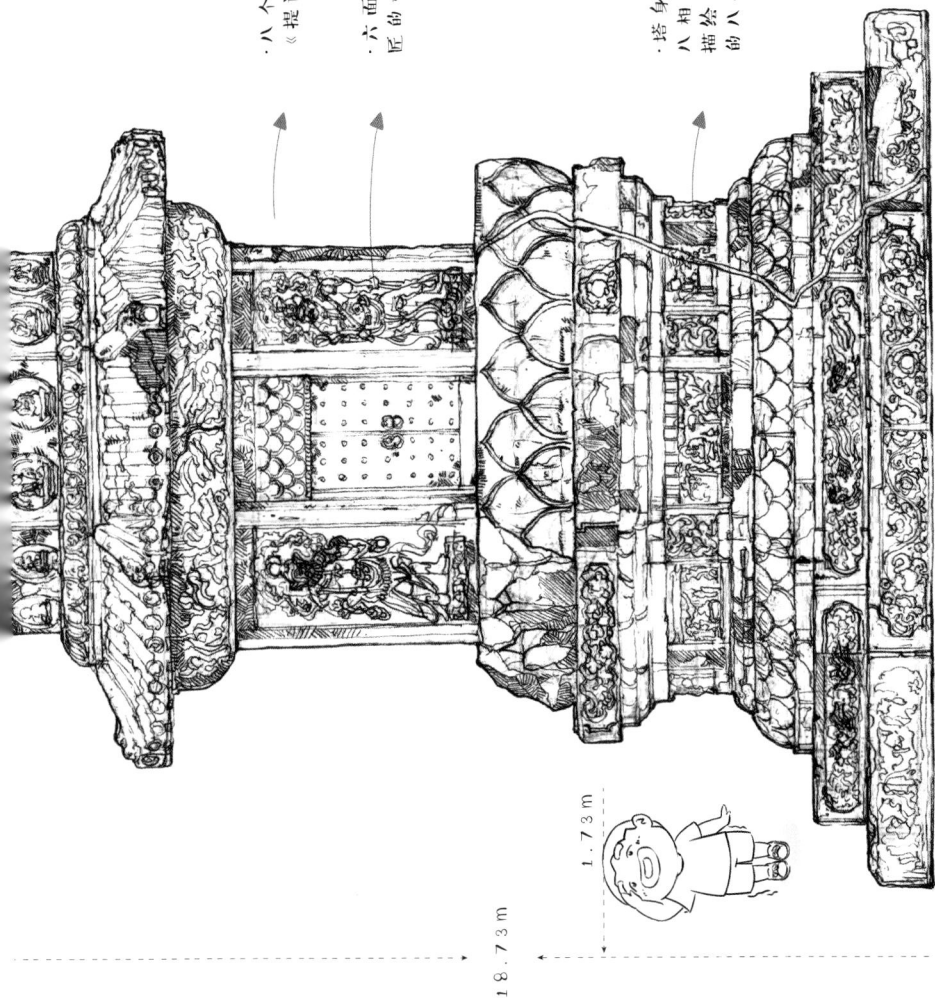

·八个角柱上分别刻有《楞严经》《金刚经》《提谓经》等经文。

·六面天王像，画面上刻有雕刻工匠的姓名。

·塔身"八相图"就是释迦牟尼成道造八相图，八相图描绘了佛教创始人释迦牟尼一生中的八个重要阶段。

1.73 m

18.73 m

舍利塔地宫解剖猜想图

地宫深处的秘密

阿枭就觉得这里面肯定不简单。一般舍利塔都会修建地宫，用来放置舍利塔下铭、舍利子等佛教重要物品。

栖霞寺的舍利塔也有座地宫，而且至今都未被开启，有点好奇到底里面有啥宝贝呢？

史料有载，当年隋文帝是用金瓶放置舍利子，又用罕见的琉璃瓶盛放金瓶，再用熏陆香为泥封印，很是精致，不知道这栖霞寺下的地宫能否重现这宝贝。

撞 钟 祈 福

每年新年，阿槑一家就会去栖霞寺祈福，祈求安康顺利。佛经里说，钟声敲响 108 下，能清除 108 种烦恼。栖霞寺每逢重大节日都会开启供奉地藏菩萨的千禧楼，敲响 6 吨的青铜大钟。当 108 声钟声敲响，让我们怀揣着自己的小目标，给自己定下奋斗的方向。

千 年 千 佛 崖

千佛崖就在舍利塔旁，不要看现在佛像缺损严重，这可是咱们金陵乃至江南，唯一一处南朝石刻佛教遗址。

千佛崖是在1500多年前的南齐开始建的，原先有一千尊佛像，所以才叫千佛崖，但是经历了千年的风风雨雨和各种人为破坏，如今只剩下石窟佛龛254个，造像532尊。

三聖殿

神秘的玄光

千佛崖里有座三圣殿，供奉着西方三圣：无量寿佛、观音和大势至菩萨。

三圣殿除了年代久远以外，还有个神奇的地方，每到小雪、大寒节气期间，也就是11月22日前后，下午三点至四点，这里会出现"神秘的玄光"。

如果有缘，晴空万里，你就会看见一束光，分毫不差地照射在无量寿佛眉心的水晶珠上，流光溢彩甚是光耀，但只持续不到半小时，每年只有1-2次，就看你有没有缘份碰到咯！

当然，这玄光现在已经有了科学的解释，其实是因为光折射的物理现象。

无量寿佛眉心的水晶珠，原先是一颗夜明珠，可惜宝贝太招眼被当地县令给偷偷撬走，让玄光消失了几百年。

后来，专家对千佛崖修复的时候，给佛的眉心镶进了水晶，这神奇的玄光才又回来。

阿渠有幸看过一次，还许了个愿望，等待愿望的实现！

独一无二的石匠佛

在 千佛崖众多的佛龛中，有一个全国唯一的"石匠佛"，这尊雕像的手里，拿的是一个"大凿子"，这个雕像也困惑了专家很多年，因为实在是史无前例。

当然，这雕像也有个传说。南朝时期，皇帝要求建造一千尊佛像，当佛像开凿了九百九十九尊的时候，皇帝突然要来巡查，这可怎么办？

石匠佛

我去，这么快就来了，还差一个没有完成

参拜日期即将到来，但是还有一尊佛像没有完成。

来不及了！哐哐哐哐

皇帝命令工匠雕刻一千尊佛像以供参拜。

如果完不成，可是要杀头的！有个石匠灵机一动，化好妆站在角落处摆好 pose，没想到真的蒙混过关，皇帝没有发现！

于是，等皇帝走后，石匠就按照自己的样子雕刻了一个。

不过这个石匠佛可不好找，眯眯费了老大劲才在一个旮旯里，找到了手拿大凿子的石匠像。

情急之下工匠跳进石窟中伪装成第一千尊佛像。

后来专家在修复时发现，"石匠"脚下踩着一个石刻的小鬼，考证后认为这雕像其实是佛教里的"降魔金刚"。

手里拿的是降魔杵，只是时间久了，加上人为破坏，看起来像是拿凿子的石匠了。

后来工匠便化身成了一尊佛像。

东敦煌里的孤独飞天

[飞天壁画]

绘有飞天壁画的石佛龛

说到飞天壁画,阿槑第一个想到的就是甘肃的敦煌莫高窟,壮丽、震撼,南京栖霞山的飞天壁画虽然没有莫高窟的雄伟,但是也是精致之作,号称"东敦煌"。

壁画在三圣殿背后登山的小路边,千佛岩中"102"号洞龛,原本都绘有壁画的佛龛现在就剩下一个了,显得有些孤独。

栖霞山的飞天壁画并不是专业人员考古发现的,而是一位普通市民。

据说当时栖霞山管理处的领导逛景点时发现一个老先生在石窟边临摹,他就凑过去问,老人才说临摹的是飞天!

栖霞山飞天壁画

后来专家都过来参观，觉得这壁画有莫高窟最成熟时期的风格，于是它有了"东敦煌"的美名。

南京不像敦煌那么干燥，经历了那么多场梅雨、潮湿，壁画还能保存下来，阿眯觉得真是个奇迹。

说到这儿，以前的鉴真法师东渡日本前，在南京栖霞寺呆了三天，大胆猜想一下，说不定日本奈良法隆寺的飞天壁画，就是鉴真法师从栖霞山带到日本去的。

朕的房产没了

——乾隆行宫遗址

请先允许阿慄为乾隆皇帝的房产默哀一声。

- 占地 1500 余亩（接近 4 个鸟巢体育馆），2000 多间楼舍。
- 最受乾隆宠爱的江南行宫（六次南巡，其中有五次就住在栖霞行宫里）。

- 花费六年时间豪华精装修的行宫，就这么被太平军的战火焚毁殆尽，只剩下一堆破败的石砖青瓦，仍然默默地坚守阵地。

朕的房产呢？

青锋剑非剑

[青锋剑遗址]

阿槑跟你讲个传说故事。话说乾隆有天在行宫转悠累了，顺手解下自己的御用宝剑青锋剑挂在岩壁上，眯了一小会儿。结果醒来后，发现青锋剑竟然失踪了！这还得了！

谁这么大胆，竟然偷皇帝的佩剑？

乾隆命侍卫左找右找，发现在刚刚挂剑的岩石上，留下了一个青锋剑一样形状的黑色影子，有大臣说可能是这里的山神特别喜爱这把剑，于是收走了。

乾隆帝也没有办法，只好悻悻而回。

乾隆青锋剑

当然，传说就只是传说，这其实是有科学解释的。

前面阿槑也提到，栖霞这片地方在亿万年前是在海里，所以会有燧石结核的石灰岩，燧石的颜色偏黑，又恰巧形成了剑的形状，这才引发了后人无限的猜想。

乾隆皇帝的保镖团

[小营盘]

乾隆皇帝来这里考察,为了防着那些疯狂的粉丝或者是极端黑粉,就必须带着保镖团确保安全。

数量庞大的保镖团——御林军,住在哪里是个问题,又要视野开阔,还不能离皇帝太远,得护卫着行宫那乾隆老爷子的安危。

最终,选择在栖霞山的半山腰上驻扎,这驻扎的地方,就被称为"小营盘"。

登上三层楼高的小营盘上的瞭望台,阿槑有种"柳暗花明"心情舒爽的感觉,果然往高处走,风景就是不一样。

当初小营盘还出土了好些文物,一些建筑构件残品,清代钱币、铁器、陶瓷器等遗物,花纹式样还能看出些当时的风格特色,都陈列在小营盘遗址旁山腰的展览馆"半馆"里面,一半露天原貌展示,一半展览馆陈列,别有一番风味。

桃花涧里有美人

美丽的花朵总是和美人牵扯不清，栖霞山里的桃花涧也不例外。李香君，就是这桃花涧的美人。

李香君是明末清初的名妓，著名的秦淮八艳之一，琴棋书画、音律诗词样样精通，而且歌声甜润、蕙质兰心，爱慕者不计其数。

十六岁的时候，情窦初开，认识了才子侯方域，郎才女貌才子佳人，坠入爱河，男友还赠了一把象牙宫扇作为定情之物。可惜，好景不长，男友遭人陷害被迫离开南京，情侣分离泪眼婆娑。

都说人倒了霉吧，喝凉水都塞牙缝。才貌双全的李香君被一大官看上，硬是要娶了当妾，宁死不从的李香君在迎娶当天撞柱明志，血溅香扇。后来这把定情扇被人利用血点在扇中画出一树桃花，就是著名的"桃花扇"。

最终李香君逃过了大官的威胁，但"皇命难违"，进了宫成为了一名歌姬。再后来清军入关，李香君趁机逃出皇宫，寻男友未果的她，为躲避战乱，来到栖霞山上的葆真庵出家，现在的"桃花扇亭""桃花涧"都是因为李香君而出了名，尤其是桃花涧里 1.2 万株桃花，一到春天美呆了！

继续李香君的故事。虽然后来，男友找到她并娶她为妾，幸福生活了八年，谁知她青楼的身份意外曝光，被公公撵出家门，最终郁郁寡欢，三十岁便香消玉殒了。她的衣冠冢就建在栖霞山上，伴佛灯长眠。

天開巖

天开岩的启示
逆天改命

[天开岩]

在一个风雨交加的夜晚,一阵电闪雷鸣后,栖霞山上的某处岩石自动打开,形成了"天开岩"。当然,科学解释就是个地质现象而已,不过这传说倒是启示了一些人。

明朝著名的思想家袁黄,原来是一个信命的人,觉得命由天定,出生时算命先生的预言就决定了日后的发展,后天再多的努力也不及你的命中注定。

加上本来他自身的命运比较不如意,所以更让整个人都散发着忧郁、悲伤的气质。

第一篇：立命之学

第二篇：改过之法

了凡四训

第三篇：积善之方

第四篇：谦德之效

后来,颓唐的袁黄途径栖霞山,偶遇了在这儿修行的云谷禅师,二人在这大开岩相对打坐了三天三夜,云谷禅师向他讲述"一切唯心造"的生命奥义,也就是"人定胜天"。

经过禅师的开导,袁黄顿觉豁然开朗,不仅改字为了凡,后续还写了《了凡四训》,也就是家训,以其亲身经历教戒他的儿子,认识命运的真相,明辨善恶的标准,改过迁善。

只破译了三个字的天书

［禹王碑］

这是一部，有着独特的神秘气质，目前只翻译出来三个字的天书——禹王碑。

禹王碑

这碑文就在天开岩的附近,有近400年历史,甲骨文、钟鼎文都和它长得不一样,因为形状很像蝌蚪,所以称为蝌蚪文或岣嵝文。

这碑文到目前没有权威的译文,郭沫若大师钻研了三年才大致认出3个字,所以这碑,就被考古界视为天书!

古代还流传这样一句话"禹王碑文是天书,百姓不得相认,否则洪水淹天!"反正阿渠我拿着拓本看了没多久就睡着了,你们来瞧一瞧呢。

你能认识下面几个字?

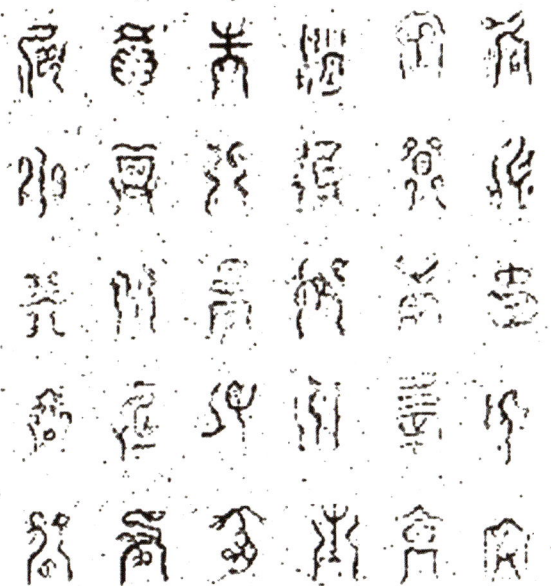

蝌蚪天书部分拓本

秦始皇的栖霞之旅

[始皇临江处 碧云亭]

作为天下第一个统一中国的皇帝，秦始皇肯定要做些事情彰显一下帝王的气概。所以他开始了全国巡游旅行，在他第六次旅游的时候，就来到了南京栖霞，也就是当时的江嵊县。

秦始皇登栖霞山"望大江东去，百舸争流"，彰显四海一统、雄视千古。所以后世就在他登临的地方建了碧云亭(又叫望江亭)。

即 使现在阿槑站在这碧云亭，也会有万千豪情在胸中激荡，叹山河魅力无边！

当然，单纯看看长江只能体现在史料记载里，作为千古一帝的秦始皇总得留下点什么作为纪念，当年可没有出现 "XX 到此一游" 的劣迹。

传说，当时秦始皇命丞相李斯在栖霞山埋了一对玉璧，有点 "此路是我开，此树是我栽" 的意思，也不知这玉璧现在究竟流落何处？

茶圣的茶经

[陆羽茶庄]

要论起茶界的佼佼者，那必须提茶圣——陆羽，用一辈子来和茶叶打交道的他，留下一本关于茶的百科全书《茶经》。

在唐代大历年间，着手写《茶经》的陆羽听说金陵这一带的茶品和泉水极好，所以就来到栖霞山，汲取山中白乳泉的泉水，采茶试茶，期间还有一位友人到访，并为其作诗一首《送陆鸿渐栖霞寺采茶》。

雨花茶与茶具

陆羽

南京最出名的雨花茶，也是在陆羽的推广下，才得以名声大噪。现在成为南京特产之一，尤其是明前雨花，南京人称它为"神仙水"，滋味甘醇无比。同时，雨花茶也是现代著名"摄山禅茶"的鼻祖。

栖霞山上的陆羽茶庄就是在当年陆羽试茶处建造的。登上茶庄第四层，栖霞山美景、金陵城的风景尽收眼底。这时候坐在茶庄里来一壶明前雨花茶，啧啧，这是最享受的事了。

莲池清净味

〔千佛斋〕

虽然阿眯是个肉食性动物，但是栖霞寺千佛斋的素食可是不能错过的美味！

虽然都是以土豆泥、豆腐皮等素食做成的，但即使是一碗简单的三鲜素面，都能在清淡中窥见真味。

"发财白玉羹""回锅肉片""鲜果虾仁""罗汉观斋""杭椒海参"、"糖醋鱼"……哎呀，说着阿眯的口水要流下来了！

千佛斋

糖醋鱼

发财白玉羹

素面

素烧鹅

鲜果虾仁

说到素食，其实汉传佛教在梁武帝之前（南朝）也是沾荤腥的，到了梁武帝时期，信奉佛教的他认为出家人生活上必须苦修，所以开始倡导素食。

自此以后，汉传佛教就有了不沾荤腥的戒律，也算是一大特色了。

幕府山
滨江风光带

"**过**江见幕此山头，对泣曾经薄楚囚。可惜茂宏言固正，究何尝克复神州。"这首《望幕府山有咏》是咱们乾隆爷在幕府山登高望远后的御诗。

自古以来，幕府山临江而立，既是连接大江南北的交通渡口，也是古代金陵御敌的军事要道。秦始皇东巡从这里南下，司马睿在这里渡江建都，达摩一苇渡江的传说也发生在这里。

关于幕府山一带的传奇故事，还得听阿槑慢慢道来。

金陵之源

去，把"金子"给我埋这里！

南京的古名叫"金陵"，这名字就是从幕府山传出的。据说战国时期，楚威王为了压制南京的"王气"，派人在幕府山附近埋了大量的金子，所以，这里便叫"金陵"。但经过相关考证，其实楚威王当年埋的不是黄金的金，而是金属的金，也就是"青铜器"。

58

一苇渡江

达摩祖师原是印度人，是中国禅宗的始祖，当年远渡重洋来中国宣扬佛教，在南京栖霞幕府山也是留下了诸多传说。在达摩古洞景区，也有很多达摩祖师的画像。

传说当年达摩怀揣雄心壮志来中国传法，在金陵碰上了梁武帝，可惜俩人并未达成共识。达摩感觉机缘不合，于是寻了幕府山一处山洞，准备稍作休息后离开，这临时的洞穴也就成了现在的达摩古洞。

达摩古洞

拒 绝了达摩的梁武帝，经其师父志公禅师点化才发现，原来自己有眼不识泰山，便想把达摩追回来。哪知命人骑着骡子追到幕府山时，山谷突然合了起来，骡子被夹跑不了。

这个山峰后来就叫"夹骡峰"，阿槑感觉命名有点任性了。

达摩休息够了，就踏上一块石头，顺手折了一枝芦苇抛到江面上，就这么踏着芦苇渡过了长江。

达摩踏上的那块大石头就叫做"渡师石"，后来传着传着，变成了"渡狮石"，并成为了山下的一处地名。

达摩一苇渡江

百 态 达 摩

除 了达摩古洞，你还可以去看"百态达摩"，这是在半山腰上开凿的，有上中下三层，101个窟龛，每龛里有一个达摩像，表情动作均不重样。

看到他们，阿槑想到以前在古画上看到的罗汉图，充满禅意，又趣意横生！

站在达摩古洞外，还能远眺壮阔长江，看百舸争流。

燕矶夕照

在幕府山，有一处景叫燕子矶，在古代的南京可是重要的码头渡口，临江的崖壁就像一只燕子展翅欲飞，所以取名燕子矶。

燕矶夕照

传说玉皇大帝养了只斗鸡。有次大公鸡偷偷下凡游玩，正好来到这幕府山边上，结果肚子饿了找不到吃的，就把江中运粮的船只掀翻觅食。后来玉帝知道了，为了惩罚它，就把它变成一堆石头，因为看起来像是一只飞不起来的燕子，后人就叫它"燕子矶（鸡）"了。

夕阳西下，阳光洒在崖壁上，滚滚的长江汹涌地撞击在黄土崖壁上，这样具有冲击力的景象被古人称为"燕矶夕照"，并列入了金陵四十八景之中。

想一想死不得

[劝戒碑]

在燕子矶崖顶上有一块非同一般的石头，名为"劝戒碑"。

燕子矶三面环水，峭壁陡立，常有失意之人在此轻生，旧称"一仰一个"。后来，大教育家陶行知先生在得知后非常痛心，一九二七年在矶顶立了木碑，题写六个大字"想一想，死不得"，现在的石碑是后人重立的，碑后还写有两行春风化雨的劝戒语。此碑曾让许多失意之人幡然醒悟，挽救了不少生命。

石碑特写

61

长江观音景区

小时候看《西游记》，孙悟空能降住妖魔，而观世音菩萨能降住孙悟空，所以得出因果关系，观音菩萨很厉害！

传说当年观音在此处降服了一条恶蛟龙，杜绝了长江沿岸的水患，于是，后人就在这里陆续建立了多座观音像，集中展示中国几千年来源远流长的观音文化。

其中最著名的就是"一阁三洞"，观音阁，头台洞、二台洞、三台洞。在三台洞的水池里，你还能看到一根粗壮的大铁链，这就是传说里提到的，观音降服恶蛟龙的铁链。

观 音 阁

观音阁的镇阁之宝是 3 尊千年乌木的观音像，这是一定要拜一拜的。有时候来上香的人多，风一吹，空气中的檀香味很足，烟雾缥缈中悬挂着的铜铃，在风里跳跃，脆音悦耳。

马 娘 娘 的 梳 妆 台

当年朱元璋的皇后马娘娘在此登岸时，发现江水很是清澈，就用江水做镜子打扮梳妆，后人就在马娘娘梳妆的地方建了一座梳妆台。

百子林

"送子观音"从古至今都是民间最爱，所以在观音景区，还有一片百子林，里面多是石榴树、枣树等寓意多子多福的树木。

十二洞窟

古时候幕府山悬崖下面有十二个洞窟，按顺序排列，分别是头台洞、二台洞、三台洞……以此类推，每个洞窟中都供奉了不同的观音身相。

这里有两处特别实用的观音身相，阿槑要特别提出来，首先是二台洞的龙头观音，这身相在佛教里是代表平步青云、步步高升的，所以要准备考试的、升职加薪的可以来拜求个好彩头。

龙头观音

你还单身吗？你是大龄青年吗？来三台洞的"水月观音"这里吧，"千里姻缘一线牵"不拜一拜怎么成！当然，这些也就是求一个心里踏实，最终还是要靠自己的努力，阿槑会加油摆脱单身狗行列。

水月观音

在石头上刻经的园林

石经苑，看名字就能知晓，这应该解释为"在石头上刻经的园林"，在这里不仅能看到《金刚经》《大悲咒》这些经典的佛经，还有塑成金色的四十二种手印形态，每一种代表的含义也是不一样，比如跌折罗手，表示降服天魔外道；像金刚杵手，就是用智慧降服对自己有怨恨的人。

五马浮渡江
一马化为龙

金陵四十八景里有一处叫"化龙丽地"，其实就是指幕府山的五马渡。传说西晋末年司马氏的五个王，琅琊王、彭城王、西阳王、汝南王、南顿王渡江到了幕府山北边山脚下，几个人正走着，突然，琅琊王司马睿身下的马变成龙飞走了。

后来琅琊王创立了东晋王朝，并且在南京建立都城。

牡丹花会

三月至四月，每年一届的"牡丹风情节"在这里举行，万株牡丹芍药娇艳绽放，更有牡丹界熊猫之称的黑牡丹"冠世墨玉""乌金耀辉"这些珍奇品种。如果你是个喜欢花卉的人，可千万别错过这国花盛宴。

南朝石刻

南朝(宋、齐、梁、陈)100多年时间,繁华绮丽消逝后,那些散落在栖霞的南朝石刻绝对是历史最好的见证。

　　南朝的石刻,上承了汉代石刻朴实,但又繁复精美了不少,下启唐宋,为后代的石刻奠定了基础。南朝石刻看南京,南京石刻看栖霞。栖霞的石刻要看这墓道之雕像。

墓道上的石刻在中国的雕塑史上名气极大，是南朝艺术文化典籍最真实的存在，有1500年的历史了，不仅是中国艺术珍品的代表，更是属于世界的珍宝。

墓道的石刻大多以神兽为主，这次，阿槑就带你们来瞧瞧这几位南朝石刻里出镜率最高的神兽。

代表南京的辟邪

看南京的市徽,估计你想破脑袋也不知道那是哪一种动物。它就是南朝石刻里最具代表性的神兽——辟邪。

镇守陵墓的辟邪,看着有些像麒麟,但是它没有角,两边有对小翅膀,充满力量。辟邪原本的工作职责就是驱邪避祸,后来就被安排在陵墓之外,做镇守陵墓之用。

市徽图案

现在,辟邪成为了南京的象征,出现在南京市旗、市徽上。话说,当年从1300件征集市徽图案里选中辟邪,也是颇为曲折。原本人们都觉得辟邪镇守陵墓,做市徽太不吉利,其实辟邪正是因为自身的正气、吉祥,才镇守住了邪气妖魔,从名字也能看出来,辟邪辟邪,祛祸避邪。

现在大家在中山门广场，以及南京火车站广场看见的辟邪雕像，就是仿照栖霞萧景墓神道东侧的辟邪而制成。看见这铜质雕像，就说明你进南京城了！

萧景墓神道辟邪石雕

辟邪 天禄 麒麟
傻傻分不清

天禄

古代的三大神兽：天禄、辟邪、麒麟。

天禄有些像鹿，但是尾巴要长些，头上有两只角，头上有一只角的通常是麒麟，没有角的是辟邪。

天禄是瑞兽，走到哪里，哪里就有圣贤出现，人见人爱，花见花开，所以很多统治者的墓前喜欢摆上天禄石刻。

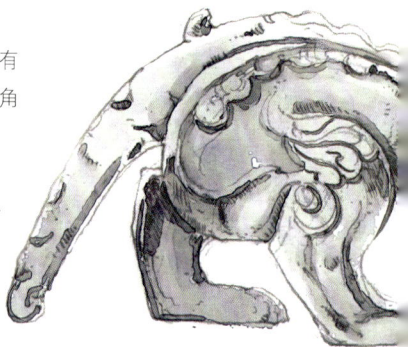

辟邪

麒麟是仁兽，它连草都舍不得折断，是吉祥的象征。

它的地位与龙相等，帝王的陵墓前出现的常常是天禄和麒麟，显示自己至高无上的权威，也是希望后世子孙及王朝昌盛。

麒麟

辟邪一般出现在王侯的陵墓前，这是有等级区分的。

或许你可以实地考察一下，在栖霞街道新合村狮子冲田野陈文帝陈蒨的陵墓神道有两只石兽，西边的是麒麟，东边的就是天禄。

龟趺石碑
fú

赑屃(bì xì),又叫霸下、龟趺(fú),它是龙的第六个儿子,在上古的时候,三山五岳是被赑屃驮在背上的。

赑屃喜欢在海里作妖,后来被大禹收服,并帮助大禹治理水患做了不少贡献。但是大禹对他并不放心,洪水治理好之后,又搬来石碑压在赑屃身上,防止它再乱跑捣乱。

陵墓外的龟趺石碑,散落在旷野各处,小时候阵常不懂,以为是只大龟,但你仔细看就会发现,赑屃的嘴里有一排牙齿,但龟却没有。另外,他们在背甲的甲片和形状上也是不同的。

赑屃是财富、长寿、吉祥的象征,所以大家把他作为祛灾避凶、祈福的镇宅守护神。南朝石刻里面,还有一些寺院里面经常会用它来镇守。江湖传闻,摸一摸它的头可以带来福气!

龟趺石碑

萧宏墓的神秘碑纹

萧宏是南朝梁武帝的六弟,而他的墓就在仙林大学城西南侧,虽然留存下来的石刻不多,但神道石碑的碑纹很是繁丽,有八幅雕像,有人认为是道家四神,还有专家认为上面的神兽源于《山海经》,但到底是什么可能还有待考究。

另外,考古界有个新的发现,萧宏墓神道石碑碑额上有一个不明物体,有人认为是弩弓,但也有人认为是"祆教"的某种法器,"祆教"其实是古代波斯、中亚地区信奉的宗教,南北朝时传入中国,宋代后貌似就消失了。

神道石碑碑侧纹饰拓片

石碑碑额

插 个题外话，据说萧宏长得形貌昳丽，但是性子软，人送绰号"萧娘"。
话说萧宏也是有贡献的，那就是开创了当铺，称得上是当铺的祖师
爷，也因此萧宏富可敌国。

"当**铺**是我开，**财**源滚滚来…"

当铺鼻祖 萧宏

最有价值的
神道石刻

萧景是南朝梁武帝的堂弟，绝对忠诚的人士，他的墓在栖霞街道十月村。

说他最有价值，是因为他陵墓的神道石刻保存的相对完好。不仅南京现代的辟邪造型是仿照他神道上的辟邪石刻制作，其神道上的石柱，还被复制，送与日本名古屋市作为友好交流的礼物。

这石刻有个奇特的地方，柱额上的文字是左右反写的！乍一看以为自己眼花了，查阅资料才发现，这种写法在书法界竟还有自己的名字，"反左书"。据说这在南朝的贵族中是一种流行时尚，但南朝之后就少有出现，所以这石刻可以说是书法史上的绝唱了。

萧景墓神道石柱

75

唯一的帝王陵
你是谁

在栖霞街道新合村狮子冲的田野里，有一座栖霞地区唯一的帝王陵墓，可是到目前为止，都没有争议出来究竟是谁的陵墓，倾向比较多的是南朝著名文学家，昭明太子萧统的陵墓。

帝王陵全景

羊山公园

羊山公园就在南京仙林大学城的东面，湖虽然是人工开凿的，但是和羊山搭在一起也是仙气十足。

每年端午时分，这里就会响起阵阵锣鼓与呐喊，赛龙舟的热情让这里充斥着荷尔蒙的气息。

羊山公园的水与仙林湖公园、九乡河湿地保护带的水系连通，所以是活水。走在公园的小路上，转动的水轮、盛开的雏菊花和满眼的清新绿色，让人舒心凉爽。远离城市的喧嚣，来这里，有大自然的声音与颜色等着你。

赛龙舟景

这方仙境
是八卦洲人民的智慧造就的
水八仙和芦蒿描绘着田园的味道
欢腾的动物怡人的湿地
和世外桃源般的桦墅村

在希望的田野上

八 卦 洲

山水田园依旧,桃李春风难留。捻一缕时光,留住刹那芳华,足矣! 初到八卦洲,阿槑就有个问题:这八卦洲和八卦有什么关系?

看地形,八卦洲像一个圆,和易经八卦的阴阳鱼有点类似;再看,洲内南北走向的跃进河与东西连贯的小江河相交于一村落,结合体和阴阳鱼的融合形状很相似;最后,洲内还有用卦名取名的自然村:乾坤村、青龙村、兑南村、贞利村、大同村等等。听这名字,阿槑就觉得自己走进了八卦阵。

八卦洲俯瞰图

马娘娘的八卦玉佩

其实，八卦洲这个独特的名字背后还有一个古老的传说。

拿着这八卦玉佩，去江边走走吧。

明朝朱元璋的大脚皇后马娘娘，在宫中待腻了，想出宫转换一下心情。刘伯温为了保证娘娘的安全，给她带上了八卦玉佩。

果然栖霞暮蔼，宝如画，后这带老公去玩松松松。

啊……救命！！！

在娘娘欣赏美景之际，江上狂风大作，吓坏的马娘娘慌忙掏出玉佩往水里一扔。

神奇的是，风真的停了，江心还长出一片绿洲来。之后，人们都说这洲是马娘娘的八卦玉佩变的，所以叫成了八卦洲。

what？？？

82

八卦洲的芦蒿传奇

说到吃的，阿槑的眼睛又放光了，更何况还是南京独特的美食——芦蒿。而生产芦蒿最地道的地方，就是八卦洲。

芦蒿是野性的，在阿槑眼中，它的味道带着穿透力，能够直击你的味蕾。汪曾祺老先生曾这样夸过芦蒿："食如坐在河边闻到新涨的春水的气味"。

芦蒿菜中最有南京味道的就是芦蒿炒臭干。碧绿的芦蒿杆子配上灰黑的臭干，清香与风味的结合，脆嫩又有嚼劲，令人食指大动。

芦蒿炒臭干

阿眔最喜欢吃的就是野芦蒿炒臭干了，嚼起来咯崩咯崩的，每次就着菜可以吃两大碗白米饭！

每年的 11、12 月份，八卦洲人总会迎来一年中最热闹的日子——芦蒿节。芦蒿节上有阿眔最喜欢的"芦蒿宴"。从 2002 年 12 月 21 日举办首届芦蒿节到现在，十几年的日子里，芦蒿变成了八卦洲的一张名片，八卦洲也成为"中国芦蒿第一乡"。

香出水八鲜

明朝开国皇帝朱元璋定都南京后,天下太平,战事基本结束。

朱元璋便让部分士兵解甲归田,定居在沙洲圩,种植水稻、水生植物,养殖水产,供应御膳房。

朱元璋选出了南京的"三荤"、"五素",即"鱼、虾、螺"和"花香藕、红老菱、茭瓜、茭儿菜、鸡头果"。

到了现在，南京老百姓口中流传的"水八鲜"已经转变为八种时令水生蔬菜了。分别是："花香藕、莲子、茭瓜、茨菇、菱角、水芹、荸荠、鸡头果"。

现在南京"水八鲜"的产地以八卦洲、龙潭为主，可以一饱南京人的口福。

鸡头果

水芹

菱角

花香藕

荸荠

茨菰

茭儿菜

茭白

红嘴蓝雀　　　　鸳鸯　　　　喜鹊

南京之肾

[八卦洲湿地公园]

湿地是地球的肾，专给地球排毒，那给南京排毒养颜的，该是这八卦洲的湿地了。这份独有的湿地有 20 个鸟巢那么大，除了成片的意杨林，还有至少 2.5 个鸟巢大的水域，阿深站在湿地里，一眼望不到头。

斑鸠

画眉

白鹭

在 与八卦洲人的聊天中,阿渫听到了圩字,当地人说,圩就是湿地的意思,这块湿地还有"老圩"、"新华庵圩"、"十三塘圩"的称呼。

之所以叫"十三塘圩",是因为湿地里有十三个塘接连不断地出现,它在 1998 年的大汛中可是有功之臣,因为水位和长江同步,便有了防汛防洪保护堤坝的本事。

总说湿地是鸟类的乐园,要比这鸟儿的数目,八卦洲算得上南京里数一数二的了。

斑鸠、画眉、八哥、喜鹊的声音不绝于耳,甚至还有白鹭、野鸭、水葫芦、红嘴燕雀、大雁等在这里修建鸟巢"安家落户"。

所谓伊人在水一方

"**所**谓伊人,在水一方"这一段出自于《诗经》里的词句,很玲珑地描绘了龙潭水一方的诱人。

在阿槑看来,如今的生态园都是一个模样,唯独这儿槑阿槑没有失望。这个从多位竞争者中脱颖而出的就是龙潭水一方。龙潭待在南京的东北角已经520多年了,它不仅资格老,还有各种特长傍身。

除了栈桥古道、亭台楼阁,这里最美的,其实是夏日清荷。这里是南京最大的赏荷胜地,万亩荷塘,你就站在水中央。

特色饮品 荷叶茶

栈道上迎着微风，看荷叶们簇拥着，几十种荷花争奇斗艳，有重叠花瓣的红台莲，有大叶花瓣的醉云，阿槑站在群荷中，竟有种选妃的陶醉感。

看着风姿绰约的各个"妃子"，清香阵阵，阿槑已神魂颠倒。盈盈一水间，最美的荷花也不过如此吧。真的有一种"所谓伊人"的曼妙心境。

惬意桦墅

平坦的乡间公路，稻浪起伏的田野，错落有致的白墙黑瓦，阿槑看见的时候以为自己在做梦。

青山绿水里一座小小的村子，村口还有一棵老槐树，树下的石凳上，三五村民韶着家常，简直就是陶渊明的世外桃源。而它，就在我们身边——南京桦墅村。

被栖霞山和宝华山环抱着，桦墅村坐拥周村水库，有山有水，如痴如醉。阿槑听说，桦墅村现在还留存着南京唯一藏传密宗佛教石窟——石佛庵，真是美的不像话，又不缺文化。

自古以来，吃是永恒的话题，前有袁教授的杂交水稻，今有桦墅村的桦墅大米。2012年，粳稻新品种"南粳46"在江苏省农科院诞生。它一出现，就夺得了"中国金奖大米"的称号。吃过一次，才会发现原来大米的味道也可以与众不同，它的确担得上"江苏省最好吃的大米"的美誉。

后 羿 在 这 里 射 日

在 很久以前，桦墅的百姓认为太阳是三只脚的金色乌鸦变的，所以在当地，太阳还有个名字叫"乌"。

当年，九个"乌"烈日当空，后羿一番奔波，来到桦墅的一座山上射日除害，后来这座山就被称为"射乌山"。

传说当年被后羿射下的一个太阳，落到了旁边汤山的山肚子里，于是"汤山温泉"就华丽丽的诞生了。

藏传密宗的佛教石窟

[石佛庵]

桦墅可以说是"历史人文气息"爆棚的村落，南京地区唯一一处藏传密宗佛教石窟就藏在这里。

传说明永乐元年（公元 1403 年），一位叫白云禅师的高僧在桦墅这里修行，并在这里开凿了石窟。

虽然过去了六百多年，但佛像保存尚且完好，阿眯甚至还能勉强辨认出外壁上一些零碎的字眼，像"天外天"、"山"、"蒋"、"天"等，等你来的时候，也来认一认吧。

匠人手中金箔闪耀的光芒
金陵折扇送出的清凉的风
腾跃不息的龙舞
泥人的奕奕神采
诉说着生生不息的传承

南京
阿宝

传承
流淌在血脉里

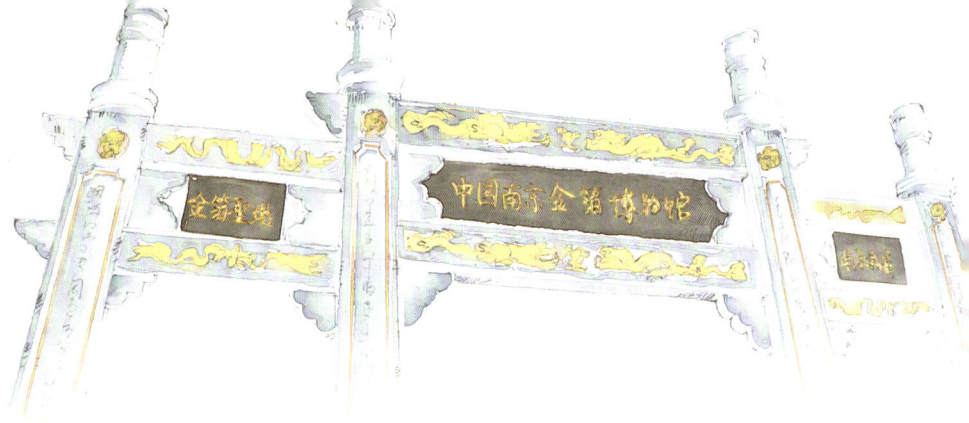

南京金箔

"金箔"就是黄金捶打成的薄片,南京龙潭是中国金箔的故乡,有1700多年的历史,现在世界上80%的金箔,就出自龙潭工匠之手。龙潭的金箔以"薄如蝉翼,软似绸缎"的独特美感而成为中国金箔之首。

金龙鱼

制 金箔必须得拜拜葛仙翁，大名鼎鼎的葛洪，他有着多重身份，文学家、医学家、化学家、炼丹师……相传就是他发明了金箔。

葛洪肖像

传 奇人物身边的人向来也是传奇。有一次八仙之一吕洞宾去找葛洪，二人看到龙潭供的神像都是泥塑的，没有神采，两个人钱财不多，于是约定各为一尊神像贴金皮。

　　两个人拿出自己身上的金子开始捶打。刚开始吕洞宾快一些，葛洪一急，将金子放在石头的棱角上猛劲捶打，身上的道袍不小心裹进了金片里也不管，却发现金子打起来更方便了。

捶打金箔葛洪

就 这样葛洪将金片捶打得又薄又多，这种制作方法很快在龙潭传开了，金箔业慢慢地发展起来。当然这只是传说，阿渠想吕洞宾是唐朝人，葛洪是东晋时期的人，难道是葛洪把吕洞宾召唤到东晋去了？

捶打金箔吕洞宾

摞金捻子有 1920 层,经过手工捶打 5 万次以上,12 道工序,才制作出 0.12 微米厚的龙潭金箔,也就是说 1 毫米的厚度就会有一万张金箔那么多,不愧为成为首批国家级非物质文化遗产。而如果想要做成真金线,还要经过 24 道工序的精细制作,才能为云锦所用。

龙潭,还建有中国南京金箔博物馆,这里收藏了很多古老的金箔制品,向更多的人诉说世界金箔的历史和现状。

拍 叶

做捻子

沾金捻子

化金条

落金
开子

出具

金 箔 工 序

打金
开子

切金箔

打了细

装 开子

炕坑

当金箔遇见云锦

[珍贵的金线]

原先阿槑对金箔的印象，更多的停留在装饰作用上，万万没想到，当把金箔圈捻成金线后，竟能和衣服结合。古代云锦龙袍、凤袍上那金灿灿的效果，就是用金箔捻成的金线达成的。

明朝时在龙潭就有制作真金线的官营作坊。当年最早制作金箔的就是南京龙潭人，由"刘、葛、印"三大姓氏分别代表着打金箔、切金箔、制金线三大领域的高端水准。

金箔装饰画

现在，金箔的应用已经不仅仅停留在工艺品上，食物糕点、白酒、家装、生活用品中也不断地在融入金箔的痕迹。

金箔糕点和美酒

扇，古称箑（shà），从字面能猜测，以前是用竹子做扇子，后来发展成了羽毛扇。古代文人墨客最爱把玩，手里没一把扇子和现在小资手里没牵只宠物一样。

在商代人们在轺车上装了像大伞的"扇汗"，用来遮风挡雨挡太阳，车子往前走带动它产生风，这种骨架结构、功能，引导着折扇的出现。

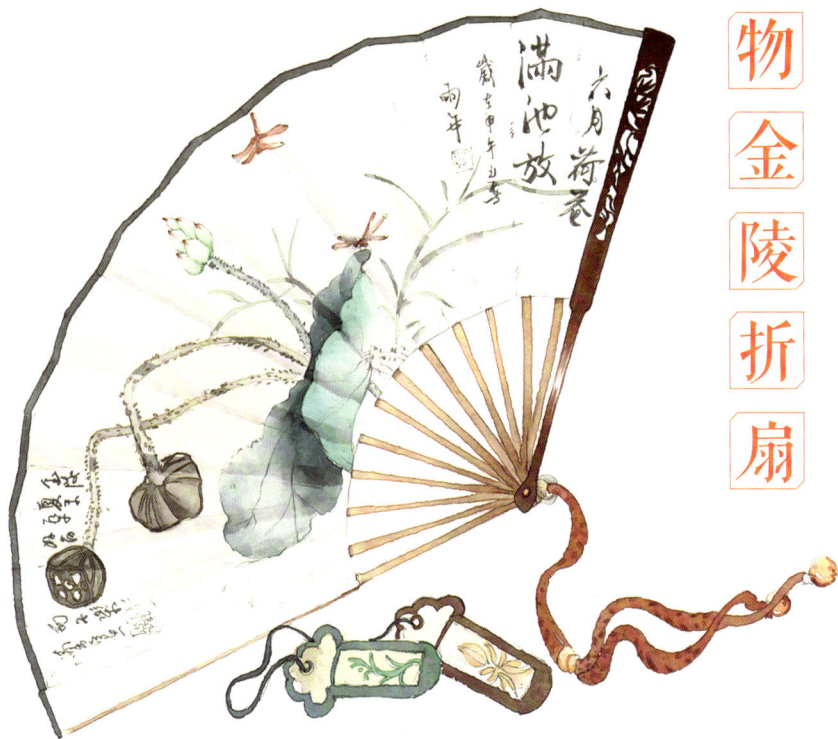

金陵折扇

在扇子发展的3000年历史中，金陵折扇在扇子界堪比娱乐界天王一般的存在，发源地就在南京栖霞石埠桥一带，清代文人甘熙称金陵折扇是"揩磨光熟，纸料洁厚，远方来购，期价较高"。

从前它是永乐皇帝、文人雅士的心头好，在宋代就已经是扇子界的no.1，现在它是江苏非遗之一，承载着传统文化的力量。

怀袖雅物金陵折扇

古时，南京作为全国科举之地，每当科考之年，来南京参加科举的士子都要选购一些高档的折扇，待科考结束时带回。因此夫子庙一带集中了许多销售金陵折扇的店铺，从秦淮河"扇骨营"这古老的名字，你便能瞧见以前是多受欢迎。

扇 子 演 变 史

1.大植物叶子

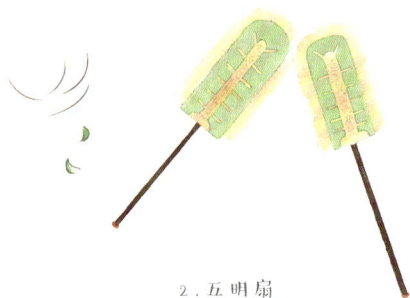

2.五明扇

3.扇汗

4.羽毛扇

5.折扇

6.户扇

7.团扇

8.广场舞扇子

折扇界粉丝榜单

冠军：永乐皇帝

亚军：文人雅士

季军：美　女

能 做到折扇界的老大，金陵折扇的做工那是真讲究，光制作扇骨，就有选料、造型、断料、劈篾、浸晒、蒸煮、刮削、烤炙等 43 道小工序。

扇 子 的 制 作 工 序

选料

劈篾

蒸煮

刮削 拖边皮

样料

砂磨

104

选料要朝阳、长了六至八年没有伤痕的竹子，接着进行煮料，煮出浆水糖份等防止生虫。最复杂的是"刀边"，一点一点削出扇边的造型。最后要让扇子口紧、好固定，那得把扇边烤轧成弧形，两头尖中间鼓，匠人管这叫"拿火"。

拿火

刀边

裁扇面
刷水 阴干

沿边

收裙

刮削 拖边皮

成型

105

扇骨可不止用竹子，走高端路线还可以用象牙（现在你就别想了）、玳瑁、紫檀木等贵重材料，还想贵气？就再镶嵌进宝石、金银吧。

男女喜好不一，扇骨镂刻也多样，有"如意头""琴式""螳螂腿""和尚头"等，还有全镂空的扇子，风景、书法的雕刻要求更高了。

匠人们坚持手工制作，扇边、扇签薄度可以拉到 1 毫米，一个人一道工序一辈子，所以才有金陵折扇的"白如玉，光如镜，薄如蝉翼"。

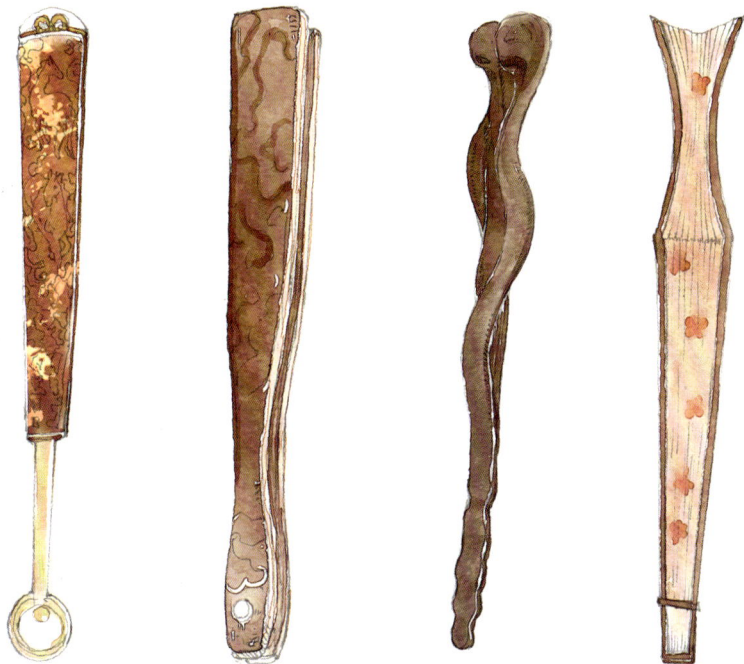

和尚头	直视方头扇	如意头	鱼尾式

而最为显眼的扇面也是制作精良，纸张选用的是中国最贵的红星牌宣纸，每把扇子一般用三层宣纸贴合而成，韧性强也易于书写。

现在，在栖霞区成立的金陵折扇研究所汇集了折扇制作的精英力量，阿眔相信金陵折扇会传承发展得更好。

栖霞龙舞

连几个月不下雨，人受不了庄稼更受不了，这样下去万一没有收成吃什么呢？这事在现在还好解决，放到朱元璋那会儿，人们就要开始去龙王庙抬龙求雨了，这种求雨仪式慢慢地发展成了有本土特色的栖霞龙舞。

在过去，栖霞龙舞主要是柴龙舞，一条大龙分成几节由几家人分别保管，大家轮流保管龙头，而做龙头舞的领头者，那可是一件很光荣的事。

栖霞柴龙

听 老人们说，东晋时，江南一带遇到了史无前例的旱灾，老百姓生活困苦，只能祈求龙王降雨。

人间的灾情让东海龙太子感觉无比扎心，于是决心违反天条，为百姓降雨。天帝知道后大发雷霆，下令把他斩成数段从天上扔了下去。百姓感激太子，用板凳将太子的龙身一段段接了起来，抬着行走，希望太子能够活过来，这也就是"龙舞"的由来。因为当时出资接龙的是一位姓柴的大户人家，所以大家喜欢叫"柴龙舞"。

柴龙的材料使用竹篾制成，九节圆筒组成龙头、龙身、龙尾，龙肚子可以打开，里面点蜡烛，外表糊上白色防风纸，画上民俗民画。柴龙只能在夜晚游，不适合白天舞，因此衍生出了布龙。

雨神你在哪里？

这些雨应该能帮到他们。

① 江南一带发生了前所未有的旱灾。

②

③

④ 栖霞的柴龙舞就是为了纪念为江南百姓下雨而死的太子。

⑤

条十几米甚至四十多米的龙"滚、盘、游、腾、窜",做着高难度的动作"跳、卧、交、绞、旋",若是晚上搭起篝火看这舞龙,就好像龙是活的一样!

现在栖霞龙舞有五个最具特色的表演技术和风格：游龙、穿越、腾跃、龙翻滚和组图造型。

非物质文化遗产并不是一种摆设，所以栖霞区政府决定从娃娃抓起，让栖霞这份特殊的"技艺"走进校园，而年过半百的龙舞传承人张桂娣现在也已培养了300多名"小龙人"，真正的让这份遗产得到传承。

栖霞龙舞

南京的泥人彩塑

先去寺庙的佛像前许个愿，然后再去栖霞集市选几个泥人回家……
虽然他们住的地方不一样，却有联系。寺庙里面明清佛像就是南京
民间彩塑艺人完成的，后来才有了清代小贩叫卖的小泥人。

泥人鱼

转碟

滚铁环

据说当时读书人赶考怀中要揣一个泥塑的迷你魁星，希望自己能够高中状元。泥人艺术源于民间，所以它的一大部分也是反映民俗生活，取材自年画、民间传说、生活里的一些人物形象等；也有其他彩塑小品、戏曲人物，如西游记等。

生肖系列

南京泥人《西游记》

南京泥人重在彩绘，塑型只是基础，要把衣服的褶皱、人物的神采各方面通过颜料表现出来。各种色彩的对比之下，阿眯会有种生活中的人被请进了泥塑里的感觉。

泥人师傅讲，泥人制作要选择细腻、黏性很好的泥土，然后和好留着；一般南京泥人是直接捏，从头到脚，分段组合起来；最后就是上色彩绘。现在作为省级非遗的南京泥人传承人有何斌先生。

立志不需桑梓地

仙林大学城
是青春与梦想的乐土
所有对远方的呼唤
对智慧的求索
会在这里实现

书卷

梦想

和远方

栖霞仙林大学城

栖霞，人杰地灵，有美丽的名字、醉人的风景、神奇的历史，还有一样不能被忽视的就是：人才！

这里有 12 所高校组成的仙林大学城，这道亮丽的风景线，每年培养出的人才，在各行各业都贡献着自己的力量，挥洒青春与热血。作为设计师的阿槑，身边也有很多来自仙林大学城的小伙伴，大家一起工作一起嗨！

南大的牌子，南邮的饭，南师的美女，东大的汉

仙林大学城各高校校徽

南京师范大学

南京大学

南京中医药大学

南京审计大学

南京邮电大学

南京体育学院

南京财经大学

南京工业职业技术学院

南京森林警察学院

南京信息职业技术学院

南京师范大学中北学院

南京理工大学紫金学院

蔷薇花

赏花地：南京大学
赏花期：5 月-7 月

二月兰

赏花地：南京邮电大学
赏花期：3 月-4 月

格桑花

赏花地：南京中医药大学
赏花期：5 月-10 月

向日葵

赏花地：南京信息职业技术学院
赏花期：6 月

马鞭草

赏花地：南京信息职业技术学院
赏花期：6 月-8 月

映山红

赏花地：南京工业职业技术学院
赏花期：4 月-5 月

花海校园

在仙林大学城，每天都可以与花海作伴。仙林的花海校园可以称得上是栖霞的一张名片。

春天"二月兰、映山红、蔷薇花"撑起了校园的整个春天；这边春花刚谢，那边格桑花、向日葵、马鞭草接二连三地开了，像是一场"花仙"的接力赛。顺着花期赏花，也顺便能把这美丽的校园都逛一圈。

你是不是也心动了？选好时间和地点去赴花约吧，阿槑觉得做个"花心"到老的人挺好的！

时光的吟唱

燕子矶兮一秤砣，长虹作竿又如何？

天边弯月是钩挂，称我江山有几多！

《游栖霞山》·乾隆

栖霞名寺遂名山，点窜宁因字句间。

药草摄生何不可，乳泉涤虑恰宜闲。

《寻南齐明征君故居》·刘长卿

泉源通石径，洞户掩尘容。

古墓依寒草，前朝寄老松。

兹山灵妙合，当与天地俱。

石濑乍深浅，崖烟递有无。

《江上》·王安石

江北秋阴一半开，晚云含雨却低徊。
青山缭绕疑无路，忽见千帆隐映来。

《摄山诗境图》·林则徐

布帆频挂秣陵秋，六代云山瞥眼收。
独有栖霞松外路，几回芒屐负清游。

阿槑(méi)

南京文化代言人

江苏幸福大使

土生土长的南京小杆子

单身设计师，喜欢用手中的画笔

将南京美景、美食

南京人的小幸福

传递给所有喜欢南京的人

南京阿槑
微信公众号

南京市栖霞区文化
旅游局微信公众号

南京市栖霞区文化旅游局　出品

微 博：@南京阿槑

官 网：www.lilosky.com

LiloSKY 南京玲珑天文化发展有限公司
Nanjing Lilosky Culture Development Co., Ltd.